AF189736

FSC
www.fsc.org

MIX

Papier aus ver-
antwortungsvollen
Quellen
Paper from
responsible sources

FSC® C105338

Markus Hitzler, MBA

Muscle-Tension-Coherence

Muskel-Entspannung durch Verhaltenstraining

Wohin würde Wasser fließen?

Bibliografische Information der Deutschen Nationalbibliothek:

Die Deutsche Nationalbibliothek verzeichnet diese Publikation in der Deutschen Nationalbibliografie; detaillierte bibliografische Daten sind im Internet über http://dnb.dnb.de abrufbar.

© 2018 Markus Hitzler, MBA

Herstellung und Verlag: BoD – Books on Demand, Norderstedt

ISBN: 978-3-7481-3881-5

Kontakt:

Markus Hitzler, MBA

Heiligenstädter Lände 15/14

1190 Wien

office@markus-hitzler.at

www.markus-hitzler.at

Bilder entweder © by fotolia.com, unter Bearbeitung von Markus Hitzler oder Bilder von Markus Hitzler selbst.

Der Autor weist ausdrücklich darauf hin, dass in diesem Buch eine Trainingsmethode / komplementäre Methode zur Gesundheitsförderung dargestellt wird. Jeder Leser / jede Leserin dieses Buches, wendet die Techniken dieses Ratgebers auf eigene Gefahr an. Sollten Sie starke Schmerzen haben bzw. eine schulmedizinische Diagnose benötigen, wenden Sie sich bitte an einen konventionellen Arzt.

Um die einfachere Lesbarkeit des Buches zu gewährleisten, wird in Folge nur die männliche Form (Leser, Arzt, Klient, Praktiker, usw.) verwendet. Aussagen gelten jedoch gleichermaßen für alle Geschlechter.

Weiter wird die Methodenbezeichnung Muscle-Tension-Coherence mit „MTC" abgekürzt.

Inhalt

Vorwort

Bereits Moshé Feldenkrais hat dargestellt, dass Struktur und Funktion des Körpers zusammengehören. Somit können sich diese beiden Faktoren auch gegenseitig, sowohl positiv als auch negativ, beeinflussen. Die lebende Struktur – vor allem der Muskeln – wird Großteils durch Ihr persönliches Verhalten, als ganze Person, bestimmt. Unser Verhalten entsteht aufgrund unserer mentalen Einstellung. Alle Teilbereiche des Menschen sind miteinander verbunden – es gibt keine Trennung zwischen geistiger und körperlicher Gesundheit.

Da die Struktur der menschlichen Muskulatur und ihre Funktion in Wechselwirkung stehen, verändert sich die Struktur ab dem Zeitpunkt, wo die Funktionen – Beweglichkeit und Muskelkraft – nicht in vollem Ausmaß genutzt werden.

So ist es bei einem Großteil der menschlichen Alltagstätigkeiten von heute – es wird nur mehr ein kleiner Anteil an den möglichen Bewegungen ausgeführt. Aufgrund des schmalen und starren geistigen und körperlichen Verhaltens des Menschen, verkümmert oder verkrampft die Muskulatur –

Spannungen und Dysfunktionen im gesamten Bewegungsapparat können entstehen. Eine chronisch verspannte und zu kurze Muskulatur kann Längs-Kompressionen auf die Gelenke verursachen und auch hier zu schmerzhaften Zuständen führen.

Es gibt viele Möglichkeiten, diesem Spannungsfeld zu begegnen und jeder Mensch sollte individuell entscheiden, welcher Weg für ihn praktikabel ist, wenn er dieses Problem bearbeiten möchte.

In diesem Buch erfahren Sie über eine einfache aber sehr effektive Möglichkeit, ihr Verhaltensspektrum und damit auch ihre Flexibilität im Bereich des Bewegungsapparates wieder zu erweitern. Mit regelmäßigem Ausführen der Übungen von MTC (Muscle-Tension-Coherence), können Sie Schmerzen lindern und eine bewegte Leichtigkeit in ihrem Leben wieder entstehen lassen.

Ich wünsche Ihnen viel Spaß und schöne, freudvolle Erfahrungen mit den Inhalten dieses Buches.

Markus Hitzler

Weshalb MTC Relevanz besitzt

Aufgrund der modernen Wissenschaft ist bekannt, dass der unaufmerksame Mensch nur rund 5 % seiner geistigen Kapazität für seine bewusste Wahrnehmung und bewusste Lenkung seines Daseins nutzt. Sein restliches Verhalten wird durch unbewusste, gespeicherte Verhaltensmuster, bestimmt. Eine Verhältnisverschiebung der Relevanz unserer bewussten Wahrnehmung ist nur durch eine freudvolle, aufmerksame Grundhaltung in den Tätigkeiten, die wir ausüben, möglich. Wenn eine Tätigkeit mit Freude ausgeführt wird, wird sie bewusst gemacht. Weiter ist bekannt, dass der Mensch ein Gewohnheitstier ist und daher nur rund 1 % seiner täglichen Wahrnehmung auf neue Dinge lenkt und hieraus lernt. Hier setzt MTC an: Die bewusste Selbstwahrnehmung, im Bereich der Muskelspannung, wird geschärft und andere Möglichkeiten für das Muskelverhalten werden aufgezeigt. Dies wird durch die angenehme und freudvolle Technik von MTC noch weiter verstärkt.

Tatsache aus den oberen Fakten ist, dass der Bewegungsapparat und konkret die Muskeln, des Menschen mit geringer Selbstwahrnehmung im muskulären Bereich, unseren unbewussten

Verhaltensmustern ausgeliefert sind und diese Verhaltensmuster aufgrund der natürlichen Physiologie des Menschen tendenziell Spannungen fördern. Dies ist neurologisch bedingt, und kann auf den bekannten, animalisch veranlagten Kampf-Flucht-Reflex des Menschen zurückgeführt werden. Der Reflex bewirkt bei der Wahrnehmung potenzieller Gefahr eine sofortige Steigerung unseres Muskeltonus (Steigerung des Aktivierungsgrades über die Muskelspindeln – diese werden im nächsten Kapitel genauer beschrieben), des Blutdrucks und der Durchblutung in unseren Extremitäten – der Mensch ist bereit zu kämpfen oder zu fliehen. Weiter wird das Immunsystem und die Verdauung durch diesen Reflex des sympathischen Nervensystems reduziert. Dieser Anteil des autonomen Nervensystems wird in einem späteren Kapitel genauer erläutert. Besonders relevant für die Entstehung von körperlichen Spannungen aufgrund dieser Tatsachen, sind folgende zwei Dinge:

1. Auf niederer neurologischer Basis dieses Reflexes, kann der Mensch nicht zwischen realer Gefahr und negativem Gedankenkonstrukt unterscheiden, welches auch reine Fiktion sein kann. Selbst ein Horrorfilm im Fernsehen kann diesen Reflex

auslösen, aber auch ein böser, autoritärer Vorgesetzter. Es gibt keine Abstufung zwischen wirklich lebensgefährlichen Situationen oder minderer Gefahr, wie einfachem Alltagsärger. Die niedere menschliche Neurologie kennt nur Anspannung und Entspannung – nur Schwarz und Weiß und kein Grau. Es gibt daher viele Möglichkeiten, muskuläre Spannungen aufzubauen.

2. Das besagte sympathische Nervensystem, welches in diesen Reflex der Initiator ist, löst eine hormonelle Kettenreaktion bzw. zwei positive Rückkopplungen aus, welche selbstverstärkend über die Hormone, Noradrenalin und Adrenalin wirken. Das Noradrenalin wird aufgrund der Stresssituation, von der Nebennierenrinde produziert und kurbelt in einem wiederkehrenden Kreislauf den Sympathikus-Nervs weiter an. Das Adrenalin verstärkt über eine Kettenreaktion, die Produktion von Cortisol in den Nebennieren, was das Anhalten des Stressempfindens positiv beeinflusst und daher die Aktivität der anderen Mechanismen verstärkt. Deshalb kann der Mensch in realen Gefahrensituationen übermenschliche

Kräfte entwickeln und er beruhigt sich auch erst wieder, wenn die Gefahrensituation schon für einige Zeit vorbei ist, um sicher zu gehen, dass keine Gefahr mehr lauert. Hier ist dieser Mechanismus auch gut und richtig, jedoch ist er im Kontext von vermehrter Muskelspannung im Alltag eher kontraproduktiv, wenn dieser nicht bewusst durchbrochen wird. Denn der Körper kann keine Abstufungen der Gefahren treffen – er sieht, wie bereits erwähnt, nur schwarz oder weiß – Spannung oder Entspannung. So kann es passieren, dass man in eine unbewusste, negative Spannungsspirale gerät. Weiter verschärfend zu der Produktion der oben genannten Stresshormone, kommt hinzu, dass diese nur über körperliche Bewegung abgebaut werden können – ist diese nicht ausreichend, aufgrund des Lebenswandels der einzelnen Person, vorhanden, so verbleiben diese noch länger im Körper und wirken dort. Es gibt Studien, die zeigen, dass Stresshormone noch mehrere Stunden nach einer stressigen Situation im Körper aktiv sind.

Mit MTC bekommen Sie ein Werkzeug an die Hand, mit dessen Hilfe Sie negative Kreisläufe durchbrechen und Spannungen wieder bereinigen können.

Wie muskuläre Spannung entsteht

Der Mensch ist prinzipiell sehr lernfähig, was sein unbewusstes Verhalten betrifft – sowohl geistig und dann auch körperlich. Leider lernt er Negatives auch leichter als Positives. Dies liegt an der grundsätzlich vorsichtigen und vermeidungsorientierten Natur des Menschen. Unsere tiefen, animalischen Gehirnstämme sind fortwährend auf der Suche nach Freude, positivem Empfinden und Lustbefriedigung irgendeiner Art. Sie vermeiden, für uns oft unbewusst, Konfrontationen mit Problemen und unangenehmen Erfahrungen. Daher können auch die Muskeln des Bewegungsapparates schnell gewisse, verspannte Verhaltensmuster übernehmen, die man ihnen, meist unfreiwillig, eintrainiert. Hier ist der Körper in dem Glauben, es ist besser Spannungen aufzubauen, anstelle Probleme direkt im Moment zu bearbeiten. Er versteckt sozusagen schlechte Erfahrungen hinter Spannungen. Ein Großteil von chronischen, muskulären Spannungen sind deshalb verhaltensresultierend. Sie sind die

Resultate von unaufgelösten inneren und äußeren Konflikten. Das Wort Konflikt ist hierbei weit gefasst – Konflikte sind alle Situationen und Gedanken, die man negativ interpretiert, sie aber nicht gleich zum Positiven verändert. Mit anderen Worten legt der Mensch selbst ein Verhalten an den Tag, dass seine Verspannungen begünstigt. Dieses Verhalten können beispielsweise hochgezogene Schultern sein, weil einer Person oft kalt ist, oder sie eine unangenehme Arbeitssituation hat, bei der sie andauernd ängstlich ist – natürlich ist dieses Verhalten der angespannten Muskeln für die meisten Menschen unbewusst und ein Teil des Tonus, der in den Muskeln gehalten wird, kann mit bewusster Aufmerksamkeit und Selbstwahrnehmung sofort wieder gelöst werden. Der Muskel nimmt dann in eine relativ entspannte Haltung ein.

Aber nicht nur aktives, unbewusstes Anspannen von Muskeln, kann eine zu große Spannung von Muskeln herbeiführen. Die einzige Funktion, die ein Muskel besitzt, ist die Kontraktion, das Zusammenziehen. Genau genommen, kennt die einzelne Muskelfaser ebenfalls nur zwei Zustände – kontrahiert oder entspannt. Teilweises Anspannen eines Muskels geschieht über die angemessene Anzahl an

Muskelfasern, die im arbeitenden Muskel kontrahiert werden. Wenn ein Muskel wieder gestreckt werden soll, ist hierfür ein Gegenspieler notwendig, der gegensätzlich kontrahiert und somit den betrachteten Muskel wieder dehnt. Daher ist auch ein gegenspielender Muskel notwendig, um einen Muskel konstant auf einer bestimmten Länge zu halten. Gibt man einem Muskel die Chance zu kontrahieren, indem man ihn beispielsweise konstant Spielraum zur Verkürzung gibt – ein gutes Beispiel ist eine Sitzhaltung mit nach vorne geneigten Rundschultern – dann wird der Muskel tendenziell kontrahieren und im konkreten Fall der Brustmuskel die aktuell kontrahierte Länge in sein Muskelgedächtnis speichern und dieses verkürzte Verhalten, früher oder später, konstant an den Tag legen. Kennen Sie das Gefühl nach einer langen Autofahrt, wenn Sie aus dem Auto aussteigen? Sie fühlen sich vielleicht wie eingerollt und müssen sich erst strecken um ihre Muskeln wieder in die gewohnte Länge zu bringen. Auch dies beruht auf den besagten Eigenschaften unserer Muskeln.

Es ist immer nur eine Frage der Zeit, der Häufigkeit, ob wir eine bestimmte Haltung einnehmen und damit unsere Muskeln dauerhaft ein verkürztes Verhalten antrainieren. Daher gibt es auch einen verhaltensbedingten Muskeltonus, der willentlich nicht mehr sofort gelöst werden kann – dieser hat sich bereits manifestiert. Es bedarf einem längeren Training – mentaler oder physischer Art - um diese Spannungen wieder bewusst lösen zu können. Konstante Spannung in Muskeln zu halten – gleich ob manifestiert oder nicht – kostet Energie (ATP – dies wird später noch erklärt), die an anderer Stelle im Körper abgeht. Daher ist der Energiepool für subtile Muskelspannungen sehr groß – der Mensch ist schon völlig energielos und müde, aber seine Spannungen werden trotzdem noch aufrecht gehalten.

Bei den beiden dargestellten Verhaltensspannungen ist die Veränderung meistens unauffällig. Sofern sie durch keine akuten Verletzungen entstehen, sind Verhaltensspannungen zuerst immer variabel. Wird hier nicht bereits gegengesteuert, kann aus diesem variablen Zustand, eine manifestierte Spannung werden. Gegenläufig – in der Auflösungsarbeit mit MTC – entwickelt sich eine manifestierte Spannung zurück zu einer variablen Spannung, auf deren Basis sie eliminiert werden kann.

Weiter gibt es noch eine natürliche und notwendige Grundspannung der Muskulatur, die gehalten werden muss, um die gewählte Körperposition des Menschen aufrecht zu erhalten – den sogenannten Ruhetonus oder Grundtonus. Dieser wird durch die, später in diesem Kapitel erläuterte, Muskelspindel, überwacht und beeinflusst.

Die theoretisch maximale Arbeitsleistung eines Muskels, abzüglich der drei oben erwähnten Muskelspannungsformen, ergibt den aktiven und willentlichen Arbeitsbereich eines Muskels.

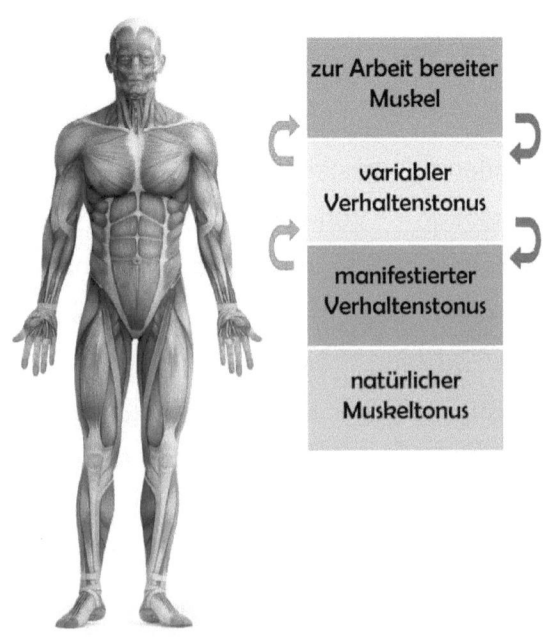

[11]

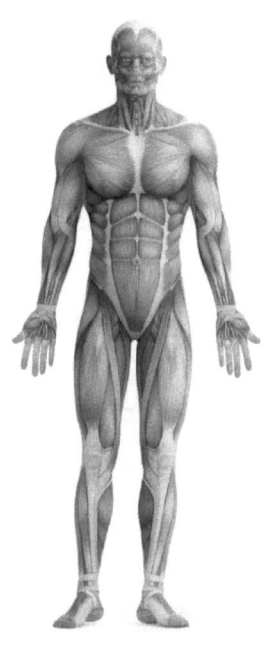

zur Arbeit bereiter
Muskel

natürlicher
Muskeltonus

Ziel ist es daher, die beiden Formen des Verhaltenstonus, soweit wie möglich zu minimieren, damit der Arbeitsbereich des Muskels möglichst groß ist. Denn aus der Sportwissenschaft weiß man: Nur ein flexibler Muskel ist ein leistungsfähiger und gesunder Muskel.

Um dieses konkrete Verhalten der Skelettmuskulatur zu verstehen, will ich Ihnen darstellen, wie ein Muskel eigentlich funktioniert: Zur Erinnerung - die einzige

Fähigkeit, die ein Skelettmuskel besitzt, ist die Kontraktion, also das Zusammenziehen. Dieses Zusammenziehen des Muskels ist Großteils bewusst beeinflussbar. Will man einen Muskel wieder strecken, so benötigt man einen Gegenspieler-Muskel, welcher kontrahiert und dadurch den ursprünglich betrachteten Muskel auf die gewünschte Länge dehnt. Wie Sie an den beiden unteren Darstellungen erkennten können, ist ein Skelettmuskel hierarchisch aufgebaut und besteht genauer betrachtet aus unendlich vielen kleinen Teilen, die in Summe den ganzen Muskel bilden.

Skelett-Muskulatur

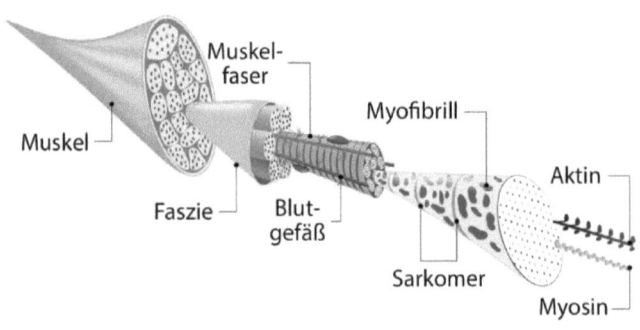

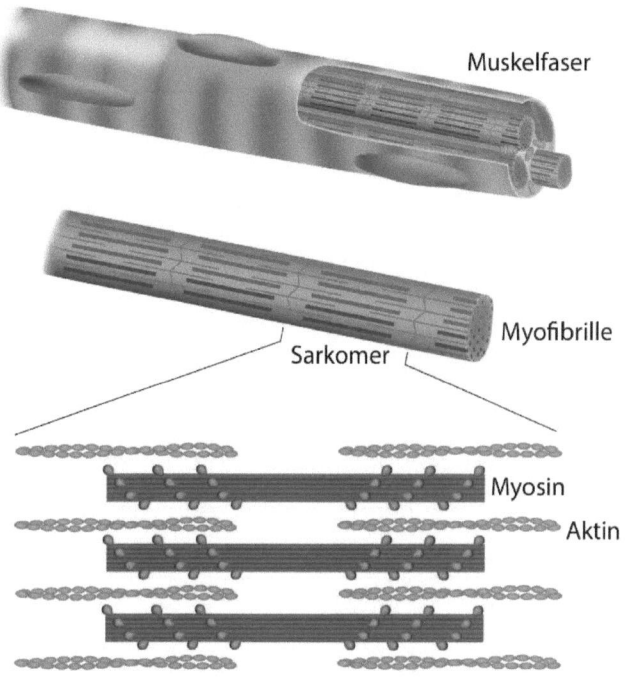

Muskelfaser

Myofibrille

Sarkomer

Myosin

Aktin

Die Muskelfaszie ist um den Muskel herum gelagertes und im Muskel eingelagertes Bindegewebe und hat die Aufgabe, sowohl den gesamten Muskel als auch Muskelfaserbündel in einer geordneten Form zu behalten und die Struktur des Muskels zu beschützen. Die Muskelfasern selbst bestehen aus weiteren Einzelteilen – den Myofibrillen, die eine einzelne Muskelzelle darstellen. Diese sind von Blutgefäßen umrandet, welche einerseits die Versorgung der kontraktilen Muskelelemente mit Energie gewährleisten, aber auch Abfallprodukte aus dem Muskel abtransportieren. Die einzelnen Abschnitte der Myofibrillen und kleinsten funktionellen Einheiten, nennen sich Sarkomere. Diese bestehen aus Myosin und Aktin, welche Muskelproteine sind.

Für die Fähigkeit des Muskels zu kontrahieren sind die kleinsten Bausteine – Myosin und Aktin – verantwortlich. Diese verschränken sich, aufgrund des neuronalen Reizes ineinander und halten aneinander fest, solange bis ihnen die Energie für diesen Vorgang ausgeht oder, bis die Kontraktion wieder durch den Gegenspieler gelöst wird.

Der Energielieferant für diesen Vorgang nennt sich ATP (Adenosintriphosphat) und ist der universelle Treibstoff für Zelltätigkeiten im menschlichen Körper. Dieser wird durch verschiedene chemische Prozesse aus der menschlichen Nahrung oder dem Fettspeicher des Menschen gewonnen. Weiter wird es im Muskel zu Adenosindiphosphat und Monophosphat aufgespalten und durch diesen chemischen Prozess der Hydrolyse wird Energie gewonnen.

Unter diesen Gesichtspunkten betrachtet, ist eine chronische Anspannung oder Verspannung, ein nicht mehr loslassen von Myosin und Aktin, im betroffenen Muskel – auch wenn der Gegenspieler versucht, diese Kontraktion zu lösen. Dies hat nicht nur eine Auswirkung auf den eigentlichen Muskel, der verspannt ist, sondern auch auf den Gegenspieler, da dieser zu vermehrter Gegenarbeit angehalten wird. Er will seine Aufgabe erfüllen - was diesen mit der Zeit immer mehr beansprucht, überlastet und ihn immer schwächer und werden lässt. Irgendwann ergibt sich der Gegenspieler sozusagen, geht in einen Dehnungszustand und verkümmert im Gegensatz zum übermäßigen Tonus des anderen Muskels. Eine muskuläre Dysbalance ist entstanden.

Die Skelettmuskulatur besitzt zwei interne Sinnesorgane – Muskelspindel und Golgi-Sehnen-Organ - zur Wahrnehmung und Beeinflussung der Muskellänge. Diese sind Schutzmechanismen gegen die Überdehnung oder den Abriss eines Muskels, haben aber auch Bedeutung für die Arbeit mit der MTC:

1. Muskelspindelreflex: Die Muskelspindel ist ein Sinnesorgan, welches in den Muskel integriert ist. Sie misst konstant den Muskeltonus und reguliert,

zusammen mit dem Nervensystem, die Grundspannung des Muskels, die der Mensch benötigt – den Ruhetonus. Weiter schützt sie den Muskel vor Überdehnung. Gerät der Muskel in Gefahr, zu stark gedehnt zu werden, veranlasst die Muskelspindel eine spontane, reflexartige Kontraktion des Muskels. Für MTC ist besonders die Tatsache interessant, dass die Muskelspindel, die Grundspannung in zuvor besagten stressigen Situationen erhöht. Sie ebnet daher den Weg für unbewusstes Verhaltenslernen und manifestiertes Spannungsverhalten. Eine Schulung der muskulären Selbstwahrnehmung im Bereich des Körperlernens ist daher durch die MTC sehr wichtig. Die modernen Trainingswissenschaften kennen hierfür die Methodik des Muskelspindeltrainings.

2. Golgi-Sehnen-Organ: Dies ist eine Art Nervengeflecht, welches sich am Übergang der Sehne zum Muskel befindet. Droht ein Muskel so stark zu kontrahieren oder zu überdehnen, dass die Sehne vom Knochen, oder der Muskel selbst, reißt, veranlasst das Golgi-Sehnen-Organ, eine sofortige, völlige Erschlaffung des Muskels. Abseits

dieser Schutzfunktion kann das Golgi-Sehnen-Organ bewusst Einfluss auf die Muskelspannung nehmen, wenn dieses richtig von außen beeinflusst wird. MTC nützt diese Eigenschaften des Golgi-Sehnen-Organs im Rahmen der Vortex-Points, die später genauer erläutert werden.

Funktionelle Anatomie & Physiologie

Wie bereits im Vorwort dieses Buches angedeutet, ist jedes System, ja sogar jede einzelne Zelle unseres Körpers, mit allen anderen Zellen verbunden. Der Mensch als Ganzes ist weiter nicht von seiner Umwelt getrennt. Er reagiert auf Ereignisse in seiner Umwelt, mit einem bestimmten Verhalten und dieses Verhalten kann unter anderem zu muskulären Spannungen führen. Dies wurde jedoch bereits detailliert im vorigen Kapitel dargestellt. Ein radikaler, aber durchaus realistischer Ansatz, ist daher: Der Mensch ist ein Produkt, der eigenen Interpretation, seines Umfeldes.

Systemischer Arbeitsansatz

Nun erfahren Sie, wie die Wirkung von MTC auf den Körper, detailliert funktioniert. Wir haben für die Arbeit mit der MTC ein primäres System als Eingangssystem, über das wir mit dem Körper kommunizieren, ihn trainieren und dadurch sein Verhalten verändern wollen.

Folgende großen, strukturellen Systeme des Menschen sind für MTC von besonderer Bedeutung:

- das Nervensystem, speziell das autonome Nervensystem
- das Herz-Kreislauf-System zusammen mit dem endokrinen System (Hormondrüsen-System)
- das Lymphsystem
- die Skelettmuskulatur
- das Skelett selbst (inkl. Knorpel bei den Gelenken)

Alle besagten Systeme stehen ebenfalls in Verbindung. Das Eingangssystem für die Arbeit mit der MTC ist das Nervensystem. Auch wenn es hierdurch primär um die Entspannung der Skelettmuskulatur geht, werden alle anderen Systeme mit beeinflusst. Der bewusste Ausgang und das Feedbacksystem, ob die Praxis erfolgreich war, ist der Bewegungsapparat – wie fühlen sich die Skelettmuskulatur und die Gelenke, an. Auch das Nervensystem ist ein sekundärer Feedback-Faktor – Sie werden merken, dass Sie nach dem MTC-Training geistig entspannter sind und daher ihre Sinne und die Reizübertragung viel besser funktionieren.

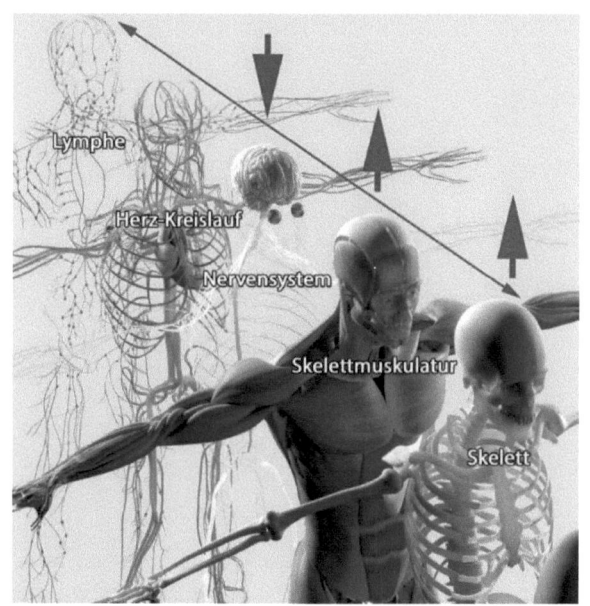

Genauer betrachtet und zuvor bereits erwähnt, ist das autonome Nervensystem für das unbewusste Muskelverhalten und Spannungs- und Entspannungszustände im gesamten Körper verantwortlich. Eine schematische Einteilung über das menschliche Nervensystem finden Sie auf der Folgeseite. Allgemein relevant für die Arbeit mit der MTC ist, dass positives, bewusstes Empfinden, das parasympathische Nervensystem aktiviert und daher eine bewusste, entspannende Beeinflussung der Skelettmuskulatur stattfinden kann.

[20]

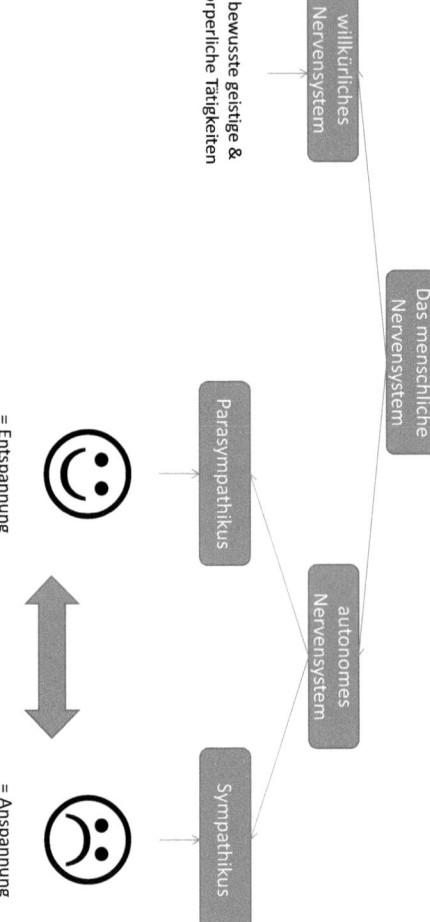

Das menschliche Nervensystem

willkürliches Nervensystem
= bewusste geistige & körperliche Tätigkeiten

autonomes Nervensystem

Parasympathikus
= Entspannung

Sympathikus
= Anspannung

[21]

Wie funktioniert der physiologische Mechanismus von MTC im Detail?

Durch die, mental initialisierte, positive Verhaltensänderung aufgrund des Arbeitens mit der MTC und dadurch einer Rückverbindung zu den eigentlichen Fähigkeiten der Skelettmuskulatur. Es entsteht weiter ein positives Gefühl, was den Körper Glückshormone, wie Endorphine und Dopamin, im endokrinen Drüsensystem, produzieren lässt. Diese werden sowohl über das Nervensystem, aber auch dem Herz-Kreislaufsystem im ganzen Körper verbreitet und haben positive Auswirkungen in Form einer Rückkopplung mit dem parasympathischen Nervensystem – dem entspannten Nervensystem und dem Gegenspieler des zuvor erwähnten sympathischen Nervensystems, dass den Menschen in Alarmbereitschaft versetzt. Durch die Aktivität des Parasympathikus wird das Immunsystem – u.a. das Lymphsystem – aktiv gehalten.

Aufgrund all dieser positiven Effekte und der bewussten, nachhaltigen, mentalen Verhaltensveränderung, wird eine Veränderung des Muskelverhaltens bewirkt. Man hat die Möglichkeit, die

Muskulatur zu entspannen und mit anhaltender Praxis, dieses Verhalten, dem Körper anzutrainieren.

Da im Bereich der Gelenke, Schmerzen oft aufgrund von einseitigen Fehlbelastungen und Kompressionen auftreten, die aus verkürzten Muskeln entstehen, hat eine nachhaltige Entspannung der Skelettmuskeln auch positive Auswirkungen auf unser Skelett und seine Gelenke. Denn die Skelettmuskulatur hat die Aufgabe den menschlichen Körper zu bewegen. Hierfür verlaufen viele Muskeln, mit Hilfe von Sehnen, über Gelenke hinweg. Durch die koordinierte Kontraktion (zusammenziehen) einiger Muskeln, kann ein Gelenk bewegt werden. Sind diese besagten Muskeln chronisch angespannt und dadurch zu kurz, können die erwähnten Fehlbelastungen und Kompressionen entstehen, da hierdurch der Gelenksspalt unter einen minimal notwendigen Abstand reduziert wird.

Funktionelle Spannungsübertragung

Ursachen für bemerkbare Spannungen sind oft nicht an der Stelle im Körper, wo es schmerzt. Aus der Reflexzonentherapie weiß man beispielsweise, dass sowohl Areale des Bewegungsapparates, aber auch Organe, reflektorisch Schmerzen fernab vom eigentlichen Problem, verursachen können. Bedenken Sie bitte: alles ist mit allem verbunden. Grundsätzlich gibt es unendlich viele Möglichkeiten an funktionellen Muskelketten im Bereich der Skelettmuskulatur, über die Spannungen übertragen werden können und daher auch sehr viele verschiedene, bekannte Liniensysteme – sowohl komplementäre Systeme, wie die Meridiane der traditionellen chinesischen Medizin, aber auch westlich-wissenschaftliche Systeme wie die Faszienketten nach Myers. Alle haben verschiedene Erklärungsansätze, weshalb ihre funktionellen Ketten im menschlichen Körper existieren und weshalb sie funktionieren. Fakt ist, es gibt keine Trennung im menschlichen Körper – auch nicht im Bereich der Skelettmuskulatur. Bewegen Sie einen Teil ihres Körpers, so bewegt sich der gesamte Körper, wenn auch nur minimal, mit.

Schmerz ist im Kontext der MTC der Schrei des Körpers nach Aufmerksamkeit. Es ist sozusagen sein letzter Ausweg, wenn er selbst, die kleinen Ungleichgewichte und Verletzungen, die sich mit der Zeit anhäufen, nicht mehr ausgleichen und ausheilen kann.

Weshalb hat die MTC den Fokus auf die Skelettmuskulatur?

[24]

Die MTC will helfen, bevor Krankheiten entstehen. Wie bereits erläutert, sind Spannungen eine Sache des Verhaltens. Ein Verhalten ist meistens eine Reaktion auf einen äußeren Reiz, oder auf ein Gedankenmuster, dass irgendwann in der Vergangenheit, von außen eingelernt, wurde. Es prallt sozusagen ein Stressor von außen auf das System – daher verspannt zuerst eine der flexibelsten äußeren Schichten, als Schutzmaßnahme – die Skelettmuskulatur. Aus diesem Grund ist die gesundheitsfördernde Intervention an diesem Körpersystem besonders grundlegend und effektiv.

Um einfach mit der MTC zu bleiben, unterscheiden wir zwischen folgenden Verbindungen, die sich gegenseitig, multidirektional beeinflussen und aufgrund dieser wir auf ursächliche Spannungssuche gehen können: oben und unten / vorne und hinten. Die Möglichkeit der genaueren Herleitung eines trivialen, funktionellen Muskelkettensystems, wird später erläutert. Mit anderen Worten können Spannungen immer von oberhalb, unterhalb, vorne und hinten am Körper, reflektorisch wirken. Das Wirken über eine Zwischenetappe ist auch möglich.

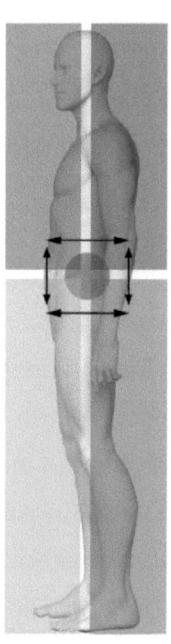

Die obere Grafik zeigt das Konzept der funktionellen Verbindung von Muskelgemeinschaften, anhand des Hauptteilungspunkt des Körpers – dem Körperschwerpunkt. Für gewöhnlich (Ausnahme sind Spannungen entlang der Wirbelsäule, Spannungen des M. Sternocleidomastoideus und des M. Psoas major – diese werden später noch besprochen) gibt es keine direkten, diagonalen Beeinflussungen durch Muskelketten – hier ist immer die zweite Seite auf gleicher Ebene zwischengeschalten. Dies kann man durch das grundlegende Funktionskonzept der

[26]

Skelettmuskeln, von Spieler und Gegenspieler erklären, welches bereits im Kapitel „wie muskuläre Spannung entsteht" besprochen wurde.

Lassen Sie mich ein Beispiel, für das bessere Verständnis, geben:

Bei diesem Beispiel verlagert sich das Zentrum des Geschehens auf den Beginn unseres Halses. Nacken- und Hinterhauptskopfschmerzen kommen oft aus Belastungen und Spannungen in der Arm- und Schultermuskulatur. Die Außenseite der Arme ist muskulär direkt mit den hinteren und oberen Schultern und dem Nacken verbunden. Die Arminnenseiten arbeiten muskulär direkt mit der Brustmuskulatur zusammen und passieren dabei die vorderen Schultern. Es ist aber häufig, dass aufgrund von monotonen Arbeitshaltungen, wie dem langen Tippen am PC, die Arme konstant nach vorne gestreckt sind. Hierdurch gibt man den Muskeln der Arminnenseiten und der Brustmuskulatur die Möglichkeit ein verkürztes Verhalten anzutrainieren und früher oder später zu manifestieren. Hieraus entstehen nach vorne gezogene Rundschultern. Diese Rundschultern bewirken einen unnatürlichen Muskeltonus bzw. Muskelzug im Bereich der hinteren Schulter- und

[27]

Nackenmuskulatur (z.B. M. Trapezius), da diese konstant auf Dehnung gehalten werden. Als Gegenreaktion antwortet der Muskel mit einem chronisch angespannten Verhalten. Die mögliche Konsequenz: da ein Großteil der Muskeln des Nackens nahe dem Hinterkopf, an der Wirbelsäule, oder direkt am Hinterkopf ansetzen, ist ein konstanter Dehnungs-Zug in diesem Bereich vorhanden. Dieser kann Kopfschmerzen verursachen, oder subokzipitale Muskeln verspannen lassen.

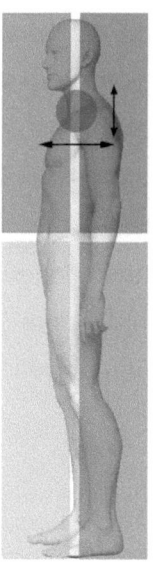

Dieses Konzept der funktionellen Anatomie kann als Zentrums-Umleitungskonzept bezeichnet werden.

[28]

Finden Sie ein Zentrum – meistens das nächstgelegene Gelenk und bedenken Sie die möglichen Umleitungen ohne das Zentrum zu kreuzen, wie in der oberen Grafik dargestellt. So können Rückschlüsse auf Spannungsursachen gezogen werden. Anatomisch betrachtet, war das Gelenk für das obere Beispiel der Nackenschmerzen, die Basis der Halswirbelsäule (Halswirbelkörper 7), die auf Höhe des Halsbeginnes, liegt.

Rein muskulär betrachtet, gibt es zwei häufige Ausnahmen, welche die diagonale Weiterleitung von Spannungen von der vorderen, auf die hintere Körperseite und umgekehrt bedingen. Dies sind die Muskeln M. sternocleidomastoideus und der M. Psoas major. Diese haben einen diagonalen Verlauf, direkt über die Körpermitte und können daher Spannungen ohne eine Umleitung auf untere oder obere Areale der anderen Körperseite übertragen.

M. Sternocleidomastoideus: Verursacht häufig Hinterhauptskopfschmerzen

(Ursprung: Schlüsselbein und Brustbein / Ansatz: Processus Mastoideus, Hinterhauptbein)

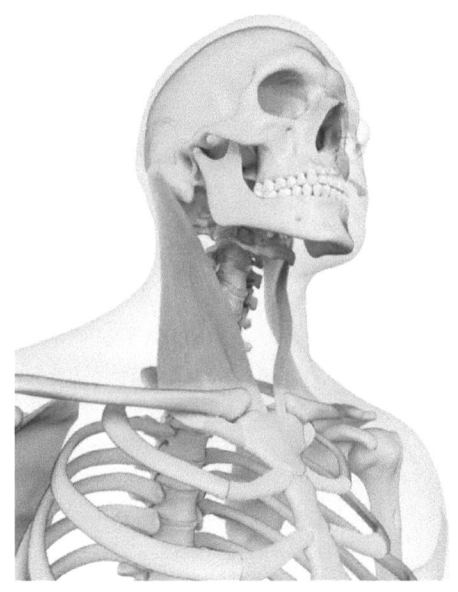

M. Psoas major: Verursacht häufig Kreuz- oder Beinschmerzen

(Ursprung: Wirbelsäule / Ansatz: Innenseite des Oberschenkelhalsknochens)

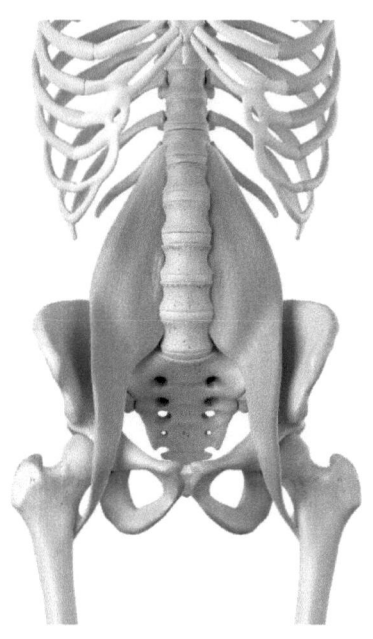

Eine weitere große Ausnahme bzgl. der Umleitung von Zugspannungen um Gelenke herum, bildet die Wirbelsäule – hier ist es die Regel, dass sich Spannungen diagonal über die Wirbelsäule fortsetzen. Dies ist auf die Verlagerung der Wirbel, außerhalb des neutralen, geraden Bereichs zurück zu führen. Diese Verlagerung kann auch aus einem Schiefstand des Beckens stammen, welcher aus einer ungleichen muskulären Beinspannung stammen kann. An dieser Stelle will ich Ihnen natürlich nicht vorenthalten, dass es auch ungleich lange Beine aufgrund einer ungleichen Knochenlänge, gibt. Dies ist jedoch weit seltener als eine Beinlängendifferenz aufgrund unterschiedlich großer Gelenkspalte im Vergleich beider Beine. Dies wieder, ist eine Folgeerscheinung von unterschiedlichen Muskelspannungen zwischen den beiden Beinen.

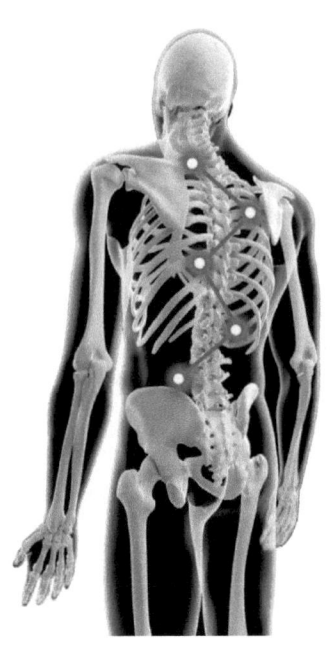

Oft können Dysbalancen dieser Art aber auch einfach nur aus einem schlechten Verhalten und der daraus resultierenden einseitigen Körperhaltung, stammen. Wird ein Bereich der Wirbel, durch muskuläre Spannungen in eine Richtung gezogen, so versucht der menschliche Körper diese Fehlstellung, im darüber liegenden Wirbelsäulenbereich auszugleichen, was mit einem übermäßigen Muskeltonus, auf der Gegenseite der Wirbelsäule, gemacht wird. Dadurch kann dieser wechselseitige, diagonale Spannungsverlauf entstehen.

[33]

Um Ihnen noch ein paar weitere Anhaltspunkte für individuelle Problembereiche zu geben, folgen noch ein paar weitere grundsätzliche Zusammenhänge des menschlichen Körpers:

- Nacken-, Schulter- und Armspannungen bedingen sich oft gegenseitig
- Rücken-, Kreuz-, Gesäß-, und hintere Beinprobleme bedingen sich oft gegenseitig.
- Hüftschmerzen haben oft mit der Bauchmuskulatur oder Beinmuskulatur zutun.
- Knieschmerzen könne auch mit Kreuzproblemen zusammenhängen.
- Sprunggelenk, Knie und Hüften beeinflussen sich gegenseitig.

Die Liste stellt keinen Anspruch auf Vollständigkeit und ist beliebig erweiterbar. Sie dient lediglich zur Ideenanregung.

MTC-Mentaltraining

Das MTC-Mentaltraining ist eine unkomplizierte Form des Imaginationstrainings. Es ist unauffällig und praktisch überall anwendbar. Daher gibt es dem Anwender die Macht, immer und überall mit seinen muskulären Spannungen zu arbeiten.

Im Zuge dieses Kapitels, werden Sie zuerst die einzelnen Elemente des Trainings kennenlernen, die Sie für den Übungsablauf benötigen. Am Ende erfahren Sie den gesamten Trainingsprozess.

3er-Atmung

Die 3er-Atmung ist eine einfache Form der Kurz-Meditation, in Form eines einzigen Atemrhythmus. Sie kann auch sehr gut für eine Kurzentspannung während des Tages und zum gleichzeitigen Innere-Batterie-Aufladen dienen und ist daher auch für sich alleine eine effektive Übung.

Der Atemrhythmus funktioniert wie folgt:

1. Atmen Sie durch die Nase ein. So tief, dass sich die Bauchdecke mit der Atmung hebt. Machen Sie das Einatmen so lange, dass Sie währenddessen langsam bis 3 zählen können – 1, 2, 3.
2. Halten Sie den Atem solange in sich, wie Sie brauchen, um wieder langsam bis 3 zu zählen.
3. Öffnen Sie danach den Mund und Atmen Sie lange aus, sodass Sie die gesamte Luft aus sich ausatmen. Dabei wird ihre Bauchdecke wieder zurückgehen und es ist sogar ratsam, am Ende des

Ausatmens den Bauch ein wenig einzuziehen. Auch hierbei wird bis 3 gezählt.

Versuchen Sie den gesamten Atemrhythmus so flüssig und in den Übergängen so weich wie möglich zu machen. Es ist ratsam, diese Atemübung gut zu trainieren, bevor Sie zu ihrem Gebrauch während der späteren mentalen Techniken übergehen.

Sollten Sie etwas mehr Zeit in diese Übung investieren wollen, können sie den 3er-Atem-Rhythmus auch dreimal wiederholen. Wichtig bei dieser Technik ist die Aufmerksamkeit auf den Moment und später, zeitgleich auf Ihre Übung, zu legen. Sobald Ihre Gedanken von der Übung abschweifen und sie nicht gleich wieder zu der Zählübung zurückkehren können, verliert die Übung sehr an Kraft und Effektivität, da sie nicht mehr den gewünschten Entspannungszustand erzielt.

Die Wolke der Selbstwahrnehmung

Das bewusste, mentale Erzeugen einer Wolke der Entspannung als Imaginationsübung, an bestimmten Körperstellen, mit denen Sie arbeiten wollen, hat 3 grundsätzliche Vorteile:

1. Es ist eine gute Wahrnehmungsübung, zu Beginn ihrer Trainingspraxis mit dem MTC-Mentaltraining.

Oft ist es für Übende zu Beginn schwer, sich einen dynamischen Verlauf ihrer fühlenden Wahrnehmung, auf und in ihrem Körper vorzustellen. Dies ist für die spätere, vollständige Technik notwendig. Eine Wolke ist hier ein eher statisches Empfinden – diese bleibt in unserer Vorstellung an einem Punkt am Körper und ist für den Beginn leichter zu erschaffen.

2. Die Wolke ist eine gute Übung, um Ihren eigenen Körper zu scannen, woher Spannungen und Probleme in der Muskulatur wirklich kommen. Wie zuvor besprochen, können wahre Ursachen für muskuläre Probleme weit ab vom Schmerz, in einer funktionellen Verbindung, liegen. Mit Hilfe des Erzeugens von mentalen Wolken, können Sie ihren Gesamten Körper scannen und beginnen, bewusster wahrzunehmen, wo Spannungen in Ihrem Körper herkommen.

3. Wenn Sie sich vorstellen, dass die Wolke von entspannendem, gut riechendem Räucherwerk stammt, das sich positiv auf Ihre Muskelspannung auswirkt, können Sie mit der Wolken-Übung bereits gute Vorarbeit für das eigentliche MTC-

Mentaltraining leisten, indem Sie Bereiche vorab von Spannungen befreien.

Wie erschaffe ich eine Wolke der Selbstwahrnehmung?

Grundsätzlich ist die Wolke der Selbstwahrnehmung eine mentale Übung, die an die Atmung gekoppelt ist. Atmen Sie über die Nase ein und über den Mund aus. Im Zuge eines tiefen Einatmens, so dass sich die Bauchdecke mit der Atmung mitbewegt, stellen Sie sich vor, wie sie klare gesunde und entspannende Luft durch ihre Nasenflügel einsaugen. Legen Sie dabei die Aufmerksamkeit auf ihre Nase. Haben Sie voll eingeatmet, halten Sie die Atemluft für wenige Sekunden in Ihnen und verlagern dabei Ihre Aufmerksamkeit auf die Körperstelle, mit der sie arbeiten wollen. Mit dem Ausatmen durch den Mund, lassen Sie an dieser Körperstelle eine mentale Wolke entstehen, um die Wahrnehmung der Stelle noch weiter zu verschärfen, oder sie auch zu entspannen.

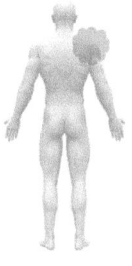

[38]

Zuvor haben wir festgehalten, dass die getrennte Betrachtung von Muskeln, bei deren Arbeit, nicht realistisch ist. Im Alltagsleben arbeitet kein Muskel isoliert alleine – er arbeitet immer in Muskelketten oder mit Gegenspielern zusammen.

Um die Praktikabilität von MTC erhöhen zu können, ist die Arbeit mit einer einfachen Metapher / Vorstellung möglich. Nehmen Sie sich beispielsweise einen beliebigen Punkt an ihrem Körper und stellen Sie sich vor, von dort aus, Wasser über ihren Körper, in Richtung Boden, fließen zu lassen. Wo würde dieses Wasser entlanglaufen? In dieser Flussrichtung können Sie das MTC-Mentaltraining anwenden – dies ist eine funktionelle und real vorhandene Muskelkette, die Sie selbst definiert haben.

Die folgenden Grafiken zeigen Ihnen häufige Flussrichtungen am menschlichen Körper. Sie können sich aber auch jederzeit eigene Flussrichtungen, angepasst an Ihre individuellen Bedürfnisse zurechtlegen. Die Frage: Wohin würde Wasser fließen gibt immer eine gute Flussrichtung vor.

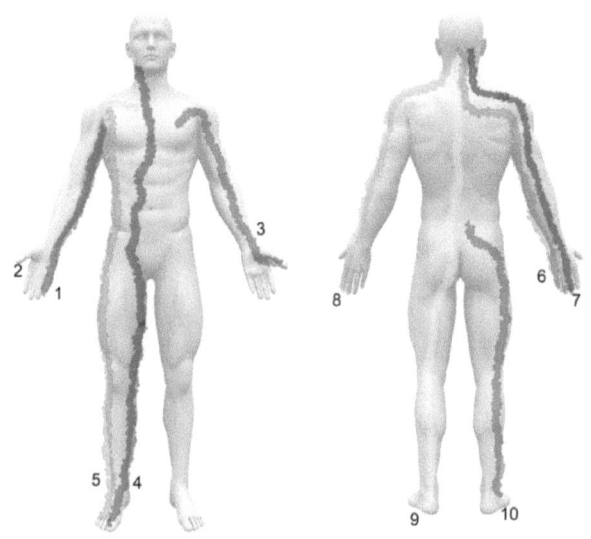

Vortex-Points

Aus dem sportkinesiologischen Training ist bekannt, dass die Arbeit mit Ansatz und Ursprung eines Muskels, eine harmonisierende Wirkung auf den Muskeltonus haben. Dies ist wahrscheinlich auf die Funktion der Golgi-Sehnen-Organe, im Übergang zwischen Sehne und Muskel zurückzuführen. Zur Erinnerung: Diese sind eine Art Nervengeflecht, dass bei angenehmer Beeinflussung eine neurologische Information zum Gehirn senden, welches daraufhin einen Nervenimpulse an den zugehörigen Muskel sendet, um dessen Spannung neu einzustellen bzw. zu reduzieren.

Aus dieser Tatsache heraus entstanden die Vortex-Points. Sie sind zwanzig spezielle Muskelansatzpunkte, die als Schlüsselpunkte für die muskuläre Spannung in ihrem jeweiligen Wirkungsfeld gelten. Die Punkte können, ca. 15 Sekunden (relevante Dauer, bis die Golgi-Sehnen-Organe den Reiz weiterleiten können) lang, quer zum Muskelverlauf sanft gerubbelt werden. Durch die entstehende Wärme wird eine entspannende Information an den Muskel weitergegeben und damit eine Vorbereitung für die späteren mentalen Trainings getroffen. Es können diese Punkte aber auch einfach als Startpunkt für ein mentales Training, wie später beschrieben, genommen werden. Hierfür werden die Punkte lediglich gehalten oder mental fokussiert.

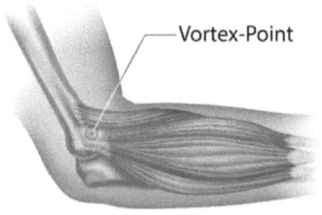

Vortex-Point

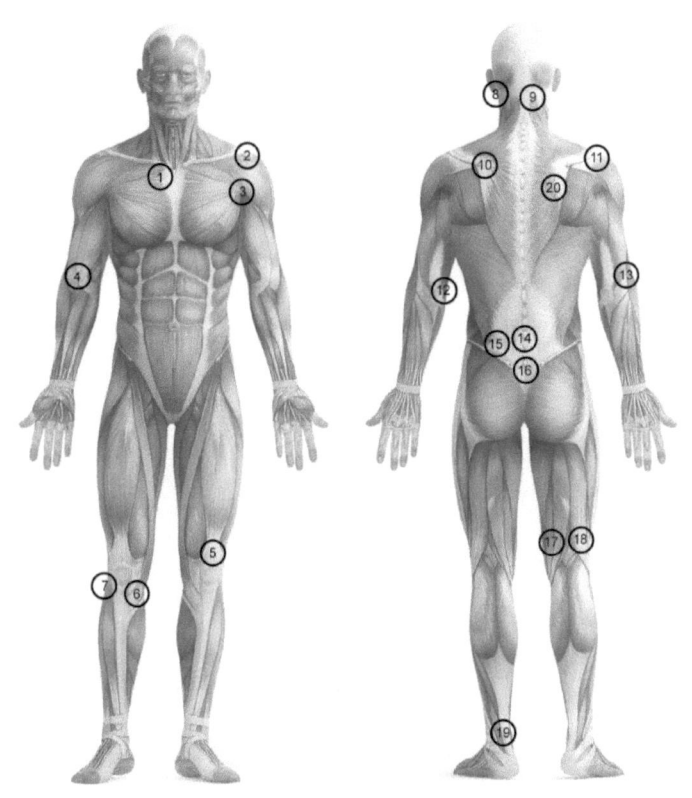

1	M. Pectoralis major
	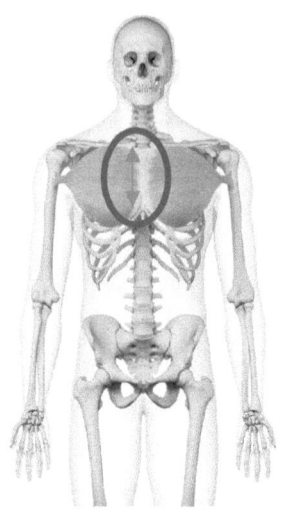
	mittig vom Brustbein nach außen, bis man weiches Gewebe fühlt
	Ursprung: Schlüsselbein, Brustbein
	Ansatz: Oberarmknochen

2	M. Deltoideus anterior
	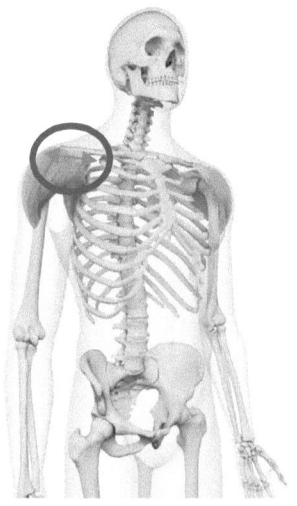
	unterhalb der knöchernen Kante des Schulterdaches
	Ursprung: Schlüsselbein
	Ansatz: Oberarmknochen

3	M. Teres major
	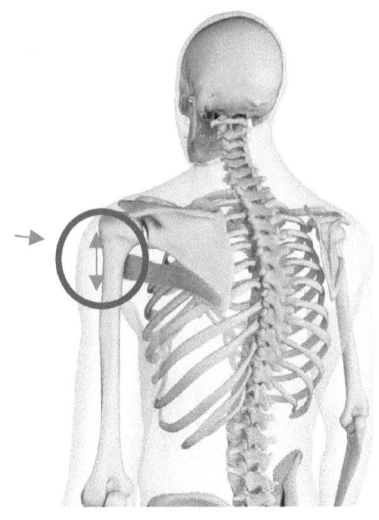

an der vorderen, inneren Basis des Oberarmknochens, knapp oberhalb der Achselfalte, bei angelegtem Arm

Ursprung: Unteres Ende des Schulterblatts

Ansatz: Innerer Oberarmknochen |

4	M. Bizeps brachii
	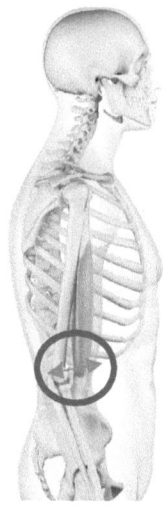
	knapp oberhalb der Ellenbeuge, bei 90 Grad angewinkeltem Unterarm (z.B. auf Tisch auflegen zur Entlastung des Muskels)
	Ursprung: Schulterblatt / Rabenschnabelfortsatz
	Ansatz: Speiche des Unterarms

[46]

5	M. Rectus Femoris
	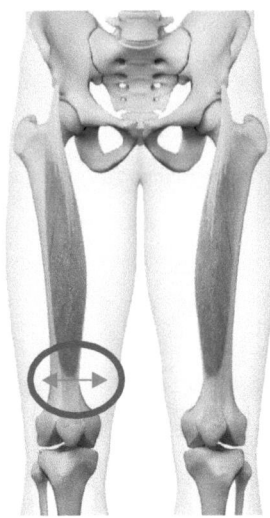
	oberhalb der Kniescheibe, bei entlastetem Oberschenkel (Bein gestreckt und am Boden aufliegend)
	Ursprung: Darmbein
	Ansatz: Kniescheibe

6	M. Gracilis
	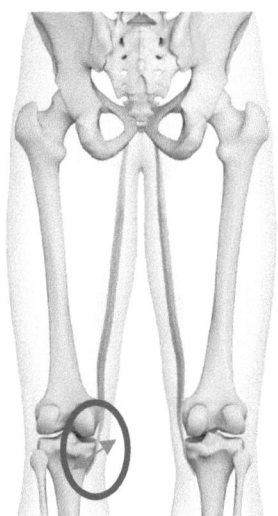
	knapp unterhalb der Kniekehle, bei abgewinkeltem Unterschenkel auf 90 Grad
	Ursprung: Schambein
	Ansatz: Schienbein

7	M. Peroneus, M. Tibialis anterior
	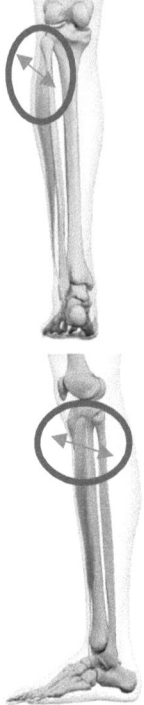
	knapp unterhalb des tastbaren Wadenbeinkopfes am äußeren Knie
	Ursprung: P: Kopf des Wadenbeins T: Schienbeinkopf
	Ansatz: 1. Mittelfußknochen

8	M. Sternocleidomastoideus
	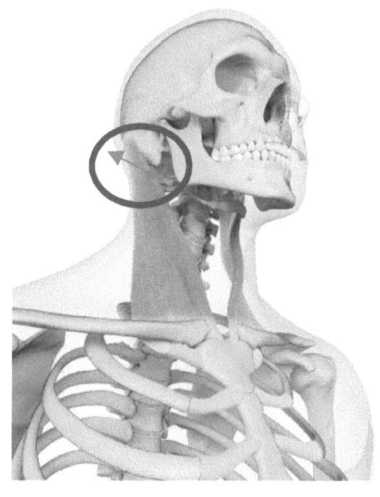
	direkt unterhalb des Schädelknochens, hinter dem Ohr
	Ursprung: Schlüsselbein und Brustbein
	Ansatz: Processus Mastoideus

9	M. Trapezius ascendens
	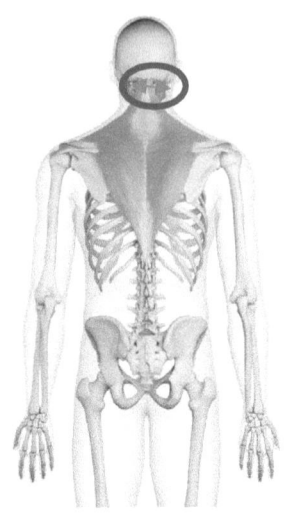
	unterhalb der Hinterkopfbasis, links und rechts der Wirbelsäule
	Ursprung: Hinterhauptsbein, Dornfortsätze der Halswirbelsäule
	Ansatz: Schlüsselbein, Schulterblatt

10	M. Levator scapulae
	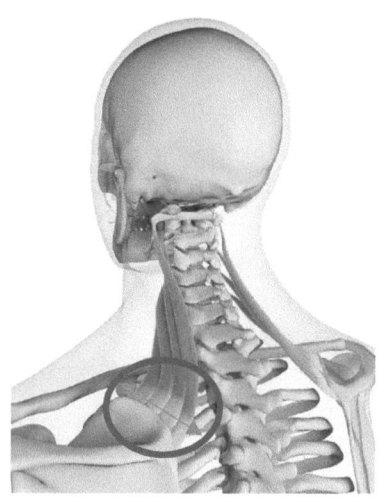
	oberhalb und mittig der tastbaren, inneren und oberen Ecke des Schulterblattes
	Ursprung: 1. – 4. Halswirbel
	Ansatz: Schulterblatt

11	M. Deltoideus posterior
	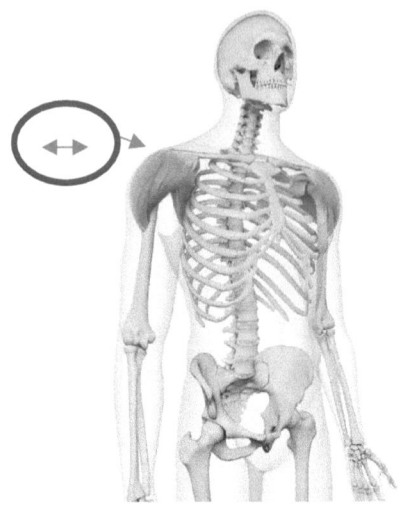

unterhalb des hinteren knöchernen
Schulterdachs

Ursprung: Schulterblatt

Ansatz: Oberarmknochen

12	M. Flexor carpi ulnaris

	unterhalb des knöchernen Vorsprungs, des inneren Ellbogens
	Ursprung: Oberarmknochen (Innenseite des Kopfes)
	Ansatz: Handwurzelknochen

13	M. Brachioradialis
	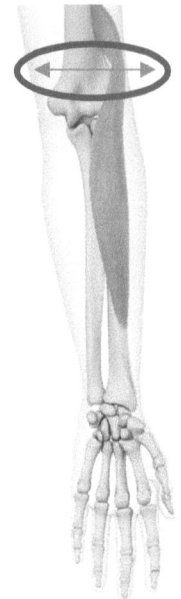
	in Verlängerung der äußeren Ellenbeuge, bei leicht angewinkeltem Unterarm
	Ursprung: Oberarmknochen
	Ansatz: Elle

14	M. Sacrospinalis
	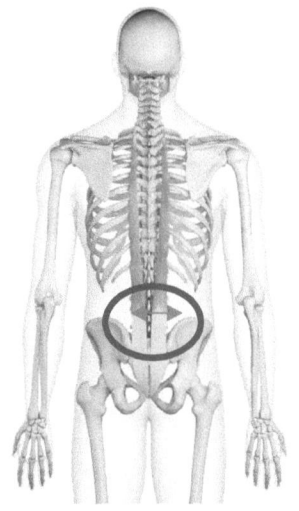
	auf Höhe des Beckenkamms, links und rechts der Wirbelsäule
	Ursprung: Kreuzbein und Wirbel
	Ansatz: Wirbel und Rippen

15	M. Quadratus lumborum
	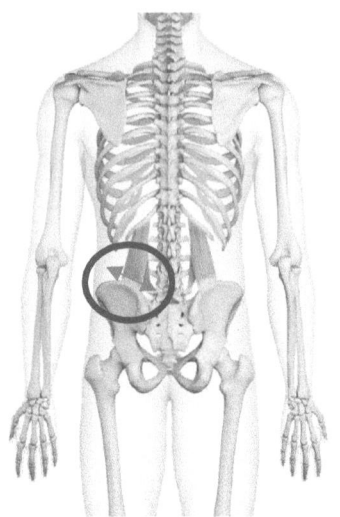
	direkt oberhalb des Beckenkamms
	Ursprung: Darmbein
	Ansatz: letzte Rippe und Lendenwirbelsäule

16	M. Gluteus maximus
	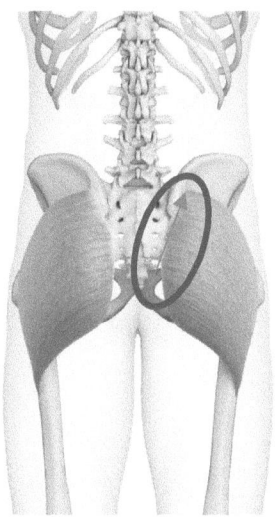
	links und rechts des Kreuzbeins, sobald das Weichgewebe beginnt
	Ursprung: Darmbein, Kreuzbein, Steißbein
	Ansatz: Oberschenkelknochen

17	Hamstrings innen
	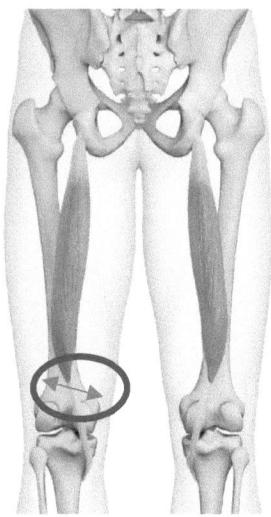
	innerer Sehnenstrang, oberhalb der Kniekehle, bei abgewinkeltem Knie
	Ursprung: Sitzbeinhöcker Hüftbein
	Ansatz: Schienbein

18	Hamstrings außen
	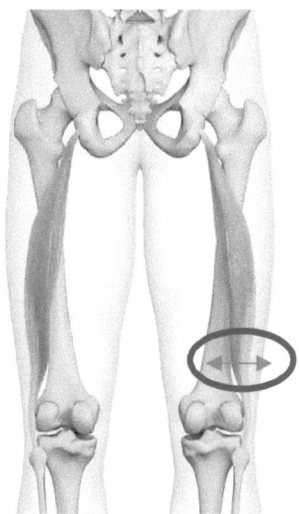

äußerer Sehnenstrang, oberhalb der

Kniekehle, bei abgewinkeltem Knie

Ursprung: Sitzbeinhöcker

Ansatz: Schienbein

19	M. Gastrocnemius, M. Soleus
	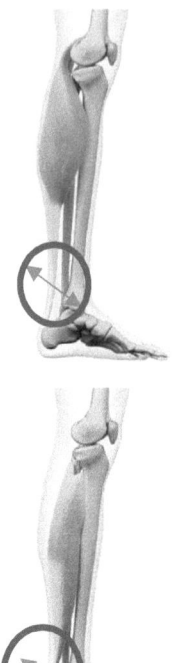
	direkt oberhalb des Fersenbeins, sobald das Weichgewebe tastbar wird
	Ursprung: G: Oberschenkelknochen, S: Schienbein, Wadenbein
	Ansatz: Fersenbein

20	Mm. Rhomboideii

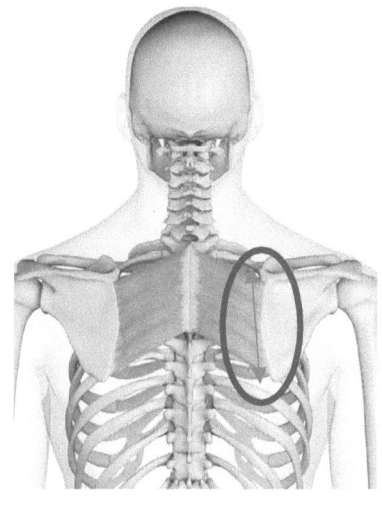

neben der Kante des inneren
Schulterblattes

Ursprung:6., 7. Halswirbel, 1. – 4.
Brustwirbel

Ansatz: Schulterblatt

Abschließend können wir alle Elemente des MTC-Mentaltrainings zusammenfügen:

- Ihr Atemrhythmus ist die zuvor beschriebene 3er-Atmung.

- Suchen Sie sich einen Punkt (Spannungspunkt oder Vortex-Point, wenn sie keinen konkreten Spannungspunkt haben) bei dem Sie die Übung beginnen wollen. Im Fall des Arbeitens mit den Vortex-Points haben Sie die Möglichkeit, den Punkt zuerst zu rubbeln und dann, für den Start der Übung, zu halten, oder gleich mit dem Halten des Punktes zu beginnen.

- Sollten Sie erst scannen wollen, ob die wahrgenommene Spannung direkt an dieser Stelle ihren Ursprung hat, arbeiten Sie mit der Wolke der Selbstwahrnehmung.

- Während des Einatmens halten Sie diesen Punkt. Wenn nicht möglich, können Sie sich auch mit diesem Punkt irgendwo anlehnen oder jemanden bitten, den Punkt für Sie zu halten. Sind Sie bereits geübt in dieser Technik, reicht auch ein mentaler Fokus auf den Punkt aus.

- Im Zuge des Einatmens stellen Sie sich nun vor, wie sie an der berührten Körperstelle Wasser sammeln. Dies ist Ihr Startpunkt.
- Während der Atempause bekommen Sie ein intensiveres Gefühl für das gesammelte Wasser.
- Mit dem Ausatmen lassen Sie das imaginierte Wasser entlang ihres Körpers abrinnen und entspannen gleichzeitig die Muskulatur entlang der Flussrichtung.

Sie können die Übung solange wiederholen und die imaginierte Strecke abwandern, bis das vorgestellte Wasser von ihrem Körper ablaufen kann. Wichtig ist hierbei, den gedanklichen Fokus immer auf der Übung zu belassen und nicht in andere Themen der Alltagsrealität zurückzukehren. Sollte Ihnen das doch passieren, dann lassen sie den Gedanken vorbeiziehen und erst, wenn Sie wieder voll und ganz bei der Übung sein können, machen Sie weiter. Für unerwünschte Gedanken ist eine grundlegende 3er-Atmung, durch das Zählen, ein gutes Stoppmittel.

Um ein neu erlerntes Muskelverhalten möglichst gut zu speichern, ist es am Ende des Trainings ratsam, zwei generelle 3er-Atmungs-Zyklen durchzuführen, um dem Körper die bewusste Zeit zu gönnen, neu erlernte

Dinge zu speichern. Dieser Ansatz hat sich in der Praxis mehrfach als sinnvoll erwiesen und stammt ursprünglich aus der „Muscle-Energy-Technique" – einer osteopathischen Methode. Hierher ist bekannt, dass der Muskel, der ein neues Verhalten erlernt hat, rund 20 Sekunden (zwei der 3er-Atmungs-Zyklen) sehr flexibel ist, was die Annahme des neuen Verhaltens ist. Dieses Zeitfenster der Möglichkeiten (Fachausdruck: Postisometrische Entspannung) ist sowohl der Zeitrahmen, in dem Sie gut eine neue Muskellänge antrainieren können, aber auch der Zeitrahmen, in dem der Muskel noch in sein altes, verspanntes Verhalten, zurückfallen kann.

Erweiterung: Spiel der Gegensätze

Das Spiel der Gegensätze ist eine Erweiterung der MTC-Mentaltrainings-Grundlagen. Da diese Übungsabfolge jedoch bereits ein detailliertes Wissen über ein Liniensystem unseres Körpers voraussetzt und eine fundierte Darstellung eines dieser Systeme, den Rahmen dieses Buches sprengen würde, sind die unten beschriebenen funktionellen Muskelketten exemplarisch und als Anregung zu sehen. Sie erheben keinen Anspruch auf Vollständigkeit. Eine vollständige

Darstellung eines Liniensystems finden Sie beispielsweise in meinem Buch „Oscillating Touch". Aber auch an dieser Stelle reicht, mit etwas Übung, die Metapher der MTC „Wohin würde Wasser fließen?" aus. Haben Sie eine auf diese Art einen Muskelkette identifiziert ist die nächste und letzte notwendige Aufgabe, herauszufinden, wie Sie diese Kette dehnen können. In weiterer Folge sind jedoch die 10 gängigsten Muskelketten dargestellt.

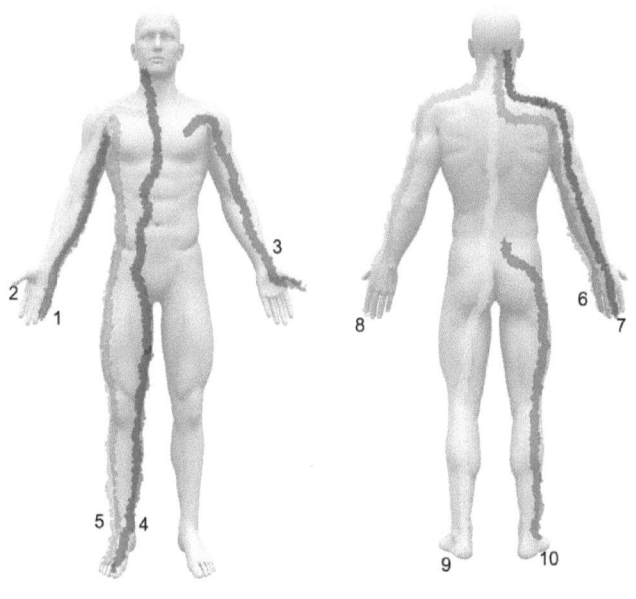

Der Grundgedanke des Spiels der Gegensätze mit der MTC ist jedoch sehr einfach: Es geht um die

Entspannung einer Muskelkette – erzeugt man davor einen Gegensatz – also die Kontraktion der Kette, dann ist die Entspannung danach noch wirksamer. Die Muskelkette wird dabei in einen möglichst gestreckten bzw. gedehnten Zustand gebracht und anschließend isometrisch (ohne Längenveränderung des Muskels) angespannt. Die Möglichkeit, im Anschluss die Muskelkette aktiv verlängern zu können, ist ein nachgewiesenes Phänomen namens postisometrischer Relaxation und wird bei verschiedenen manuellen Techniken erfolgreich angewandt.

Der allgemeine Übungsablauf sieht dann wie folgt aus:

1. Wählen Sie eine Muskelkette.

2. Gehen Sie während des Einatmens in eine Körperhaltung, die die Muskelkette möglichst dehnt.

3. In der Atempause spannen Sie die Muskelkette isometrisch an – also ohne die Muskellängen zu verkürzen. Dies geschieht teilweise durch Druck gegen einen Kontaktpunkt.

4. Während des Ausatmens, entspannen Sie die Muskelkette, mit der bekannten Frage: Wohin würde Wasser fließen? Nun arbeiten Sie vom

momentan höchsten Teil der bearbeiteten Muskelkette weg.

Machen Sie diesen Atemrhythmus, dreimal. Bei jedem neuen Start gehen Sie wieder in die maximale Dehnungsfähigkeit der Muskelkette – diese sollte pro Durchgang mehr werden. Nach der Übung senken Sie das bearbeitete Körperteil wieder ab und entspannen ihn.

Nach dieser Übungssequenz machen Sie bitte unbedingt zwei weitere grundsätzliche Dinge:

1. Machen Sie die 3er-Atmung mit der grundlegenden mentalen MTC-Entspannungsübung für die zuvor bearbeitete Muskelkette.
2. Danach machen Sie zwei generelle 3er-Atmungs-Zyklen um das neu angelegte Muskelverhalten zu speichern. Die Begründung hierfür ist die zuvor erläuterte postisometrische Entspannung.

Auf Basis der vorherigen Grafik, werden Ihnen nun Übungsanleitungen für häufige funktionelle Muskelketten gegeben. Alle hier dargestellten Übungen der Arme und Beine sind exemplarisch für eine Körperseite angeführt – Übungen sind natürlich auf beiden Körperhälften möglich.

[68]

Kette 1:

Der Arm wird inkl. Hand gerade in Richtung Himmel gestreckt, sodass die Handkante in Richtung Kontaktpunkt zeigt. Danach wird Spannung zum Kontaktpunkt aufgebaut. Die Entspannung erfolgt von der Handkante in Richtung Körper, hinein in die Achsel.

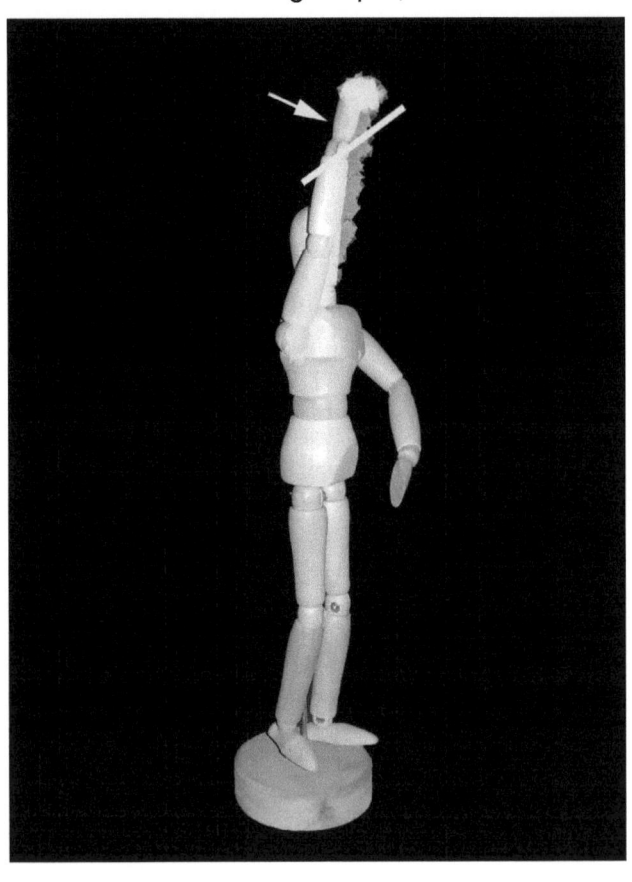

[69]

Kette 2:

Der Arm wird inkl. Hand und Finger, im 90-Grad-Winkel vom Körper abgespreizt. Nun wird Spannung gegen den Kontaktpunkt aufgebaut, sodass sowohl die Arminnenseite, als auch die Brustmuskulatur gestreckt wird. Die Entspannung erfolgt von der Brust in Richtung Handfläche.

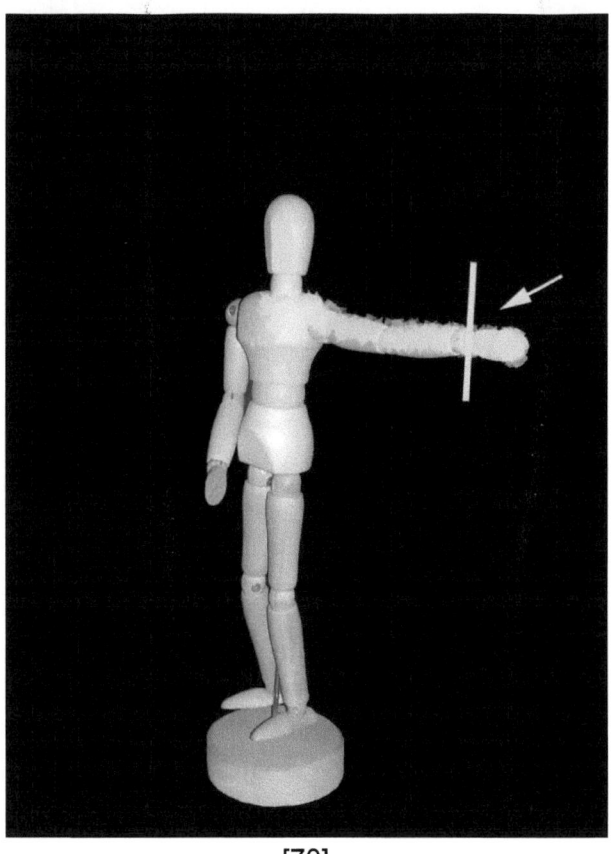

[70]

Kette 3:

Der Arm wird gestreckt und leicht vom Körper abgespreizt, sodass der Daumen zum Kontaktpunkt zeigt. Nach der Spannung gegen den Kontaktpunkt wird von der vorderen Schulter in Richtung Hand entspannt.

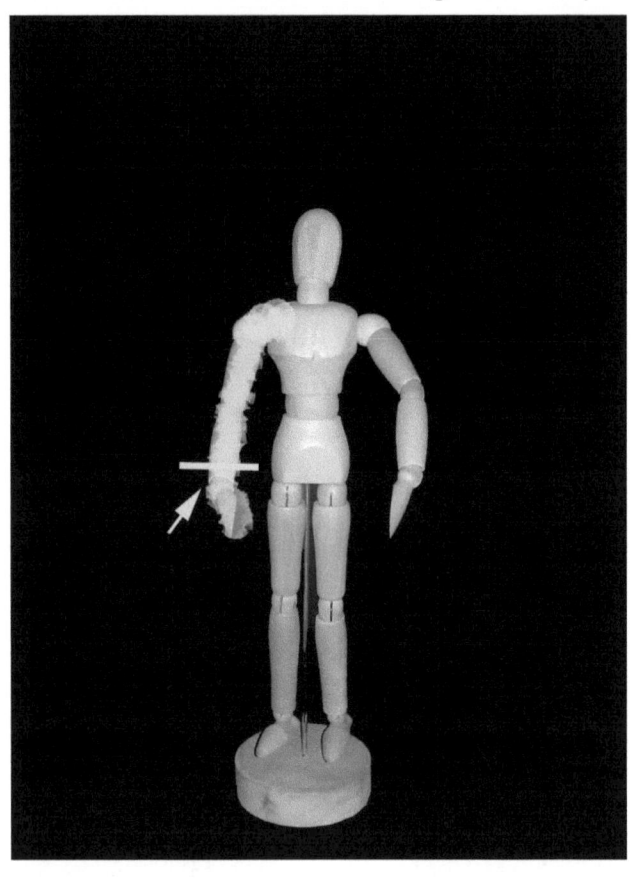

[71]

Kette 4:

Bei dieser Kette wird der gesamte Körper so lang und gerade wie möglich gemacht, wobei das Kinn in Richtung Himmel gestreckt wird. Danach wird, ohne das Kinn wieder abzusenken, die gesamte Körpervorderseite angespannt. Die Spannung wird dann vom Kinn in Richtung Boden abgelassen.

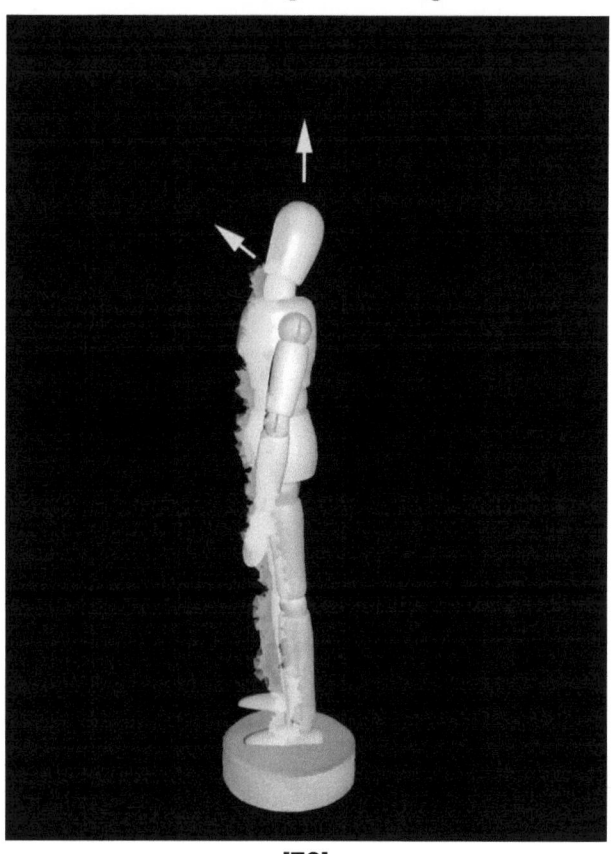

[72]

Kette 5:

Das Bein der zu streckenden Körperflanke wird vorne über das andere Bein gekreuzt. Anschließend wird der Arm über Kopf gegen den Kontaktpunkt, gestreckt. Die Kontraktion passiert wie ein großer Bogen der gespannt wird. Die Entspannung erfolgt von der vorderen Schulter über die gesamte Körperflanke.

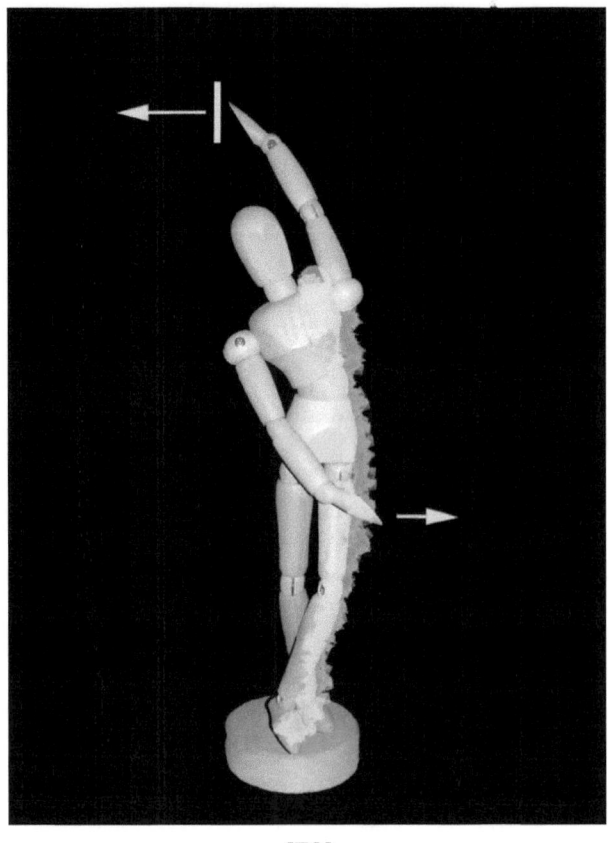

[73]

Kette 6:

Der Arm wird in Richtung seitlichen Kontaktpunkt gestreckt, sodass der Handrücken zum Kontaktpunkt zeigt. Die Spannung wird nach der Kontraktion, von der Hand in Richtung hintere Schulter, Schulterblatt und wieder hinauf zum Nacken, entspannt.

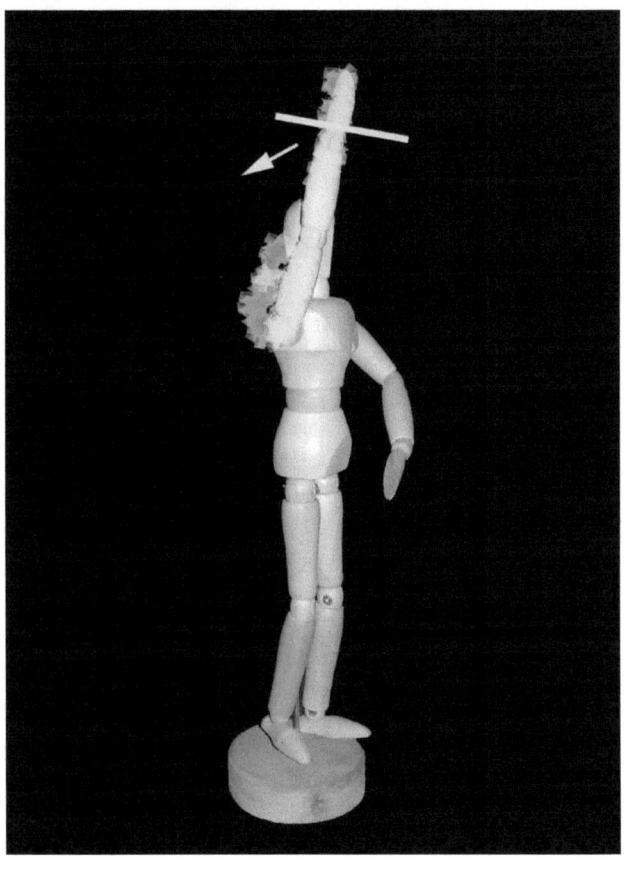

[74]

Kette 7:

Der Arm wird im 90-Grad-Winkel vom Körper gestreckt, sodass der Handrücken in die Richtung des hinteren Kontaktpunktes zeigt. Die spätere Entspannung erfolgt vom Nacken in Richtung Hand.

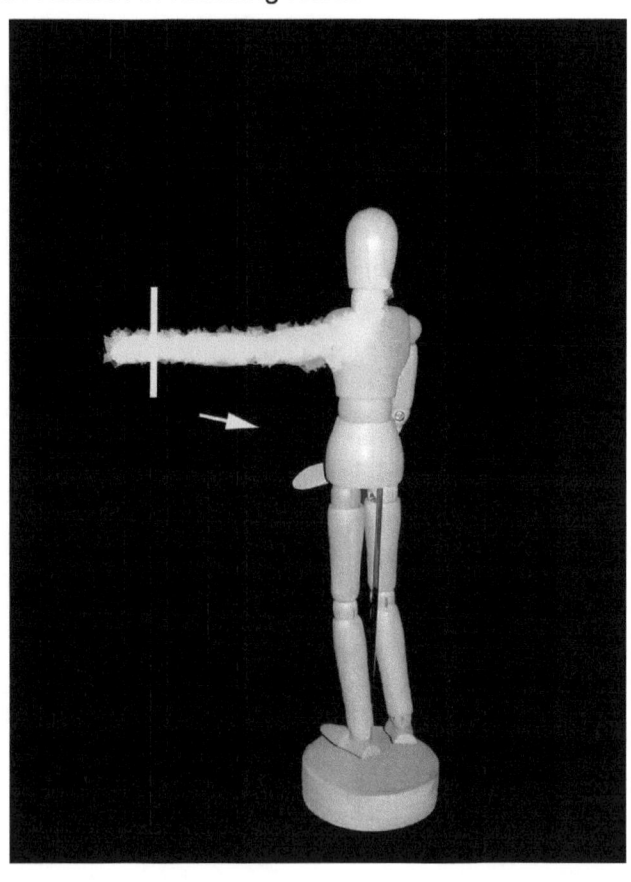

[75]

Kette 8:

Der gestreckte Arm wird leicht vom Körper abgespreizt und mit dem Handrücken gegen einen seitlichen Kontaktpunkt kontrahiert. Hierbei kann der Kopf seitlich, vom Kontaktpunkt weg, geneigt werden. Die Entspannung erfolgt vom Nacken in Richtung Hand.

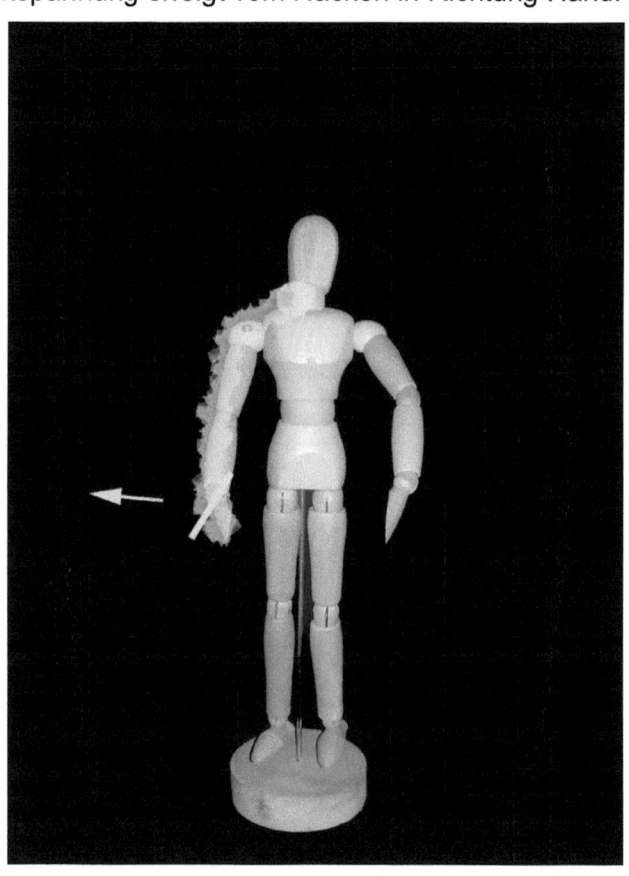

[76]

Kette 9:

Bei dieser Kette wird der gesamte Körper gestreckt, wobei das Kinn zur Brust genommen wird, sodass die Kopfspitze leicht nach vorne kippt. Nun wird die gesamte hintere Körperseite angespannt, ohne die Kopfposition zu verändern. Die Entspannung erfolgt vom Hinterkopf in Richtung Boden.

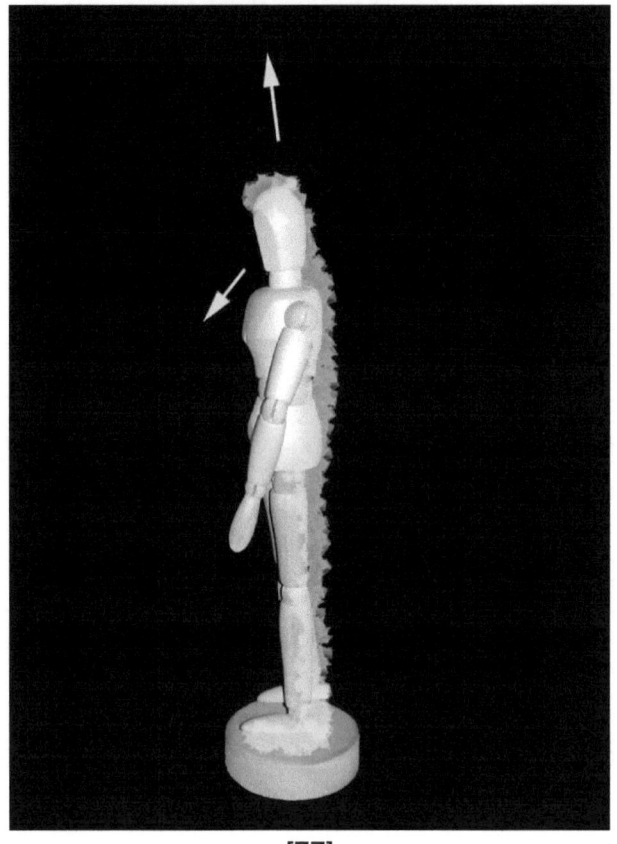

[77]

Kette 10:

Bei dieser Übung wird das passive Bein auf eine Erhöhung gestellt – hierfür eignet sich beispielsweise ein Buch mit ca. 5 cm Höhe – sodass ein bewusster Beckenschiefstand geschaffen wird. Das Gewicht lastet zu Beginn auf diesem Bein. Hierbei soll das übende Bein aber trotzdem den Boden berühren. Das übende Bein wird nun – ohne Gewicht zu bekommen – kontrahiert. Zur Entspannung bekommt das übende Bein das Körpergewicht und wird gleichzeitig entspannt. Dadurch entsteht eine angenehme Mobilisation des hinteren Beckens und der Gesäßmuskulatur.

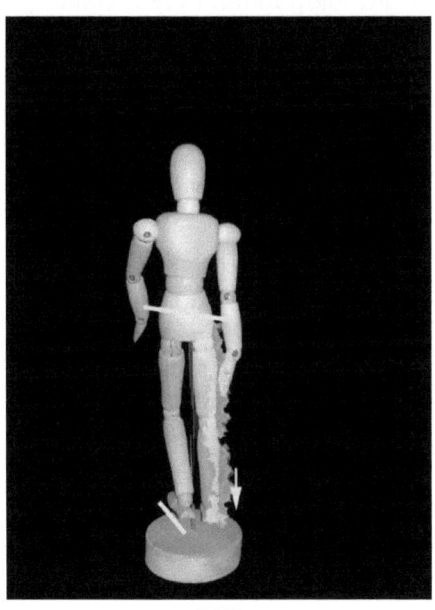

[78]

Markus Hitzler, MBA

Markus Hitzler ist Gesundheitstrainer, tätig in den Bereichen Health-Management, mentale Gesundheit und körperliche Gesundheit. Neben einem akademischen Abschluss in Health-Management an der Middlesex University in London (Schwerpunkt komplementäre Methoden und mentale Gesundheit), hat er verschiedene Ausbildungen im Bereich der Körpertherapie und in mentalen Trainings. Abseits seiner Expertise im Bereich Gesundheit, hat er Professionen im Bereich Wirtschaft und Sportunterricht (Tennis und grundlegendes Fitnesstraining). Seit 2012 arbeitet er in eigener Praxis in Wien. Er ist weiter Autor von rund 20 Ratgebern im Bereich Gesundheitsförderung und hält Vorträge, Workshops und Seminare zu diesem Themengebiet.

Weitere Infos entnehmen Sie www.markus-hitzler.at.

Weitere Bücher

How is your light today? – Burnout-Prävention mit Hilfe einer positiven Ausstrahlung

(ISBN: 978-3-7460-1571-2)

Health-Empowerment – mentale Gesundheitsförderung

(ISBN: 978-3-7448-0916-0)

Oscillating Touch – Weiche manuelle Techniken mit Hilfe schwingungsauslösender Berührung

(ISBN: 978-3-7460-9535-6)

Relax It – der Gesundheitsfaktor Atmung

Informationen zu weiteren Ratgebern, finden Sie auf:

www.markus-hitzler.at

(ISBN: 978-3-7460-5719-4)